LES FASTES DE LILLE

CORTÉGE-CAVALCADE

Organisé sous le patronage de l'Administration Municipale,

DANS LE BUT DE FONDER, A LILLE,

UNE CAISSE DE RETRAITE

POUR

LES INVALIDES DU TRAVAIL.

PRIX : 25 CENTIMES
Au profit de l'OEuvre.

Lille,
IMPRIMERIE DE L. DANEL, GRAND'PLACE.
1838.

LES
FASTES DE LILLE

Cortége-Cavalcade.

ŒUVRE
DES INVALIDES DU TRAVAIL.

---

13 juin 1858.

LILLE,
IMPRIMERIE DE L. DANEL, GRAND'PLACE, 18.
1858.

LES
FASTES DE LILLE.

Cortége-Cavalcade.

I.ᵉʳ GROUPE. — (VII.ᵉ siècle.)

Bannière des temps primitifs de la Flandre.

Figures colossales de Lydéric et de Phinaert.

Troupe de guerriers du VII.ᵉ siècle.

Char représentant un monticule au sommet duquel s'élève le *Château du Buc*. Du pied du monticule jaillit une fontaine ombragée de saules (*la Fontaine del Saulx*). Auprès de la fontaine, se tiennent l'*ermite*, l'*enfant* et la *biche* qui figurent dans la légende populaire du *premier forestier* de la Flandre.

INDICATION HISTORIQUE. — Vers l'an 690, Salvaert, comte de Dijon, s'en allait en Angleterre avec Emelgaïde, sa femme, alors enceinte ; — comme il passait avec sa suite dans le *bois de Sans-Pitié* (situé à l'endroit où fut ensuite bâtie la ville de Lille) un seigneur féroce et avide, nommé PHINAERT, qui occupait à cette époque le CHATEAU DU BUC, au centre du bois de Sans-Pitié, se jeta sur lui à l'improviste avec les soudards de sa bande. Salvaert et tous ses serviteurs furent massacrés ; mais, au milieu du tumulte, Emelgaïde se sauva à travers les marais et alla se cacher près de là, dans le voisinage d'une fontaine qu'ombrageait un bouquet de saules. Bientôt, exténuée de fatigue, pénétrée de terreur, la pauvre comtesse accoucha dans cet endroit, avant terme, d'un bel enfant mâle qui semblait plein de force et de vigueur.

A peine la mère commençait-elle à reprendre ses sens, qu'elle vit venir de loin Phinaert et ses soldats, acharnés à sa poursuite. Alors, voulant du moins dérober son fils nouveau-né aux recherches de l'infâme ravisseur, Emelgaïde cacha l'enfant dans un buisson, l'abandonna à la grâce de Dieu, et se laissa amener prisonnière dans les sombres murailles du château du Buc. Vers le soir de cette même journée, un *ermite* qui se nommait Lydéric et qui vivait près de la Fontaine des Saules (*Fontaine del Saulx*), entendit les vagissements de l'enfant abandonné, le recueillit, le fit nourrir par une *biche*, lui donna son nom de LYDÉRIC, et l'éleva avec autant de soins que si c'eût été son propre fils.

Vingt ans se passèrent ainsi. L'enfant était devenu un homme, et, qui mieux est, un vigoureux et vaillant guerrier qui maniait admirablement la lance et l'épée et ne songeait plus qu'à venger son père et à délivrer sa mère captive. Le jeune Lydéric s'en fut donc trouver le roi de France,

Clotaire II , et lui demanda congé pour défier et combattre Phinaert. Le roi ayant autorisé cet appel au *jugement de Dieu*, le combat eut lieu sur le théâtre même de l'attentat commis vingt ans auparavant. Après une lutte terrible , le jeune Lydéric tua Phinaert et délivra sa mère. Clotaire II , enchanté de la bravoure du vainqueur , le nomma *forestier de Flandre* et lui donna le château du Buc pour résidence.

2.ᵉ GROUPE. — (XI.ᵉ siècle.)

Bannière de la Flandre au XI.ᵉ siècle.

Le comte de Flandre BAUDUIN V, dit *de Lille,* chevauchant à la tête de ses barons, hommes d'armes, écuyers et varlets.

Char représentant, au fond, l'église collégiale de *Saint-Pierre* (reconstruction du XIVᵉ siècle), et, au pourtour, les murs de la première enceinte de Lille, bâtis par le comte Bauduin V. — Sur le char, une jeune fille, drapée à l'antique, la couronne murale au front, tenant une épée nue d'une main et une branche d'olivier de l'autre, debout sur un pavois, représente la ville de Lille dans son enfance ; elle est entourée d'un essaim d'enfants de son âge portant les uns des gerbes et des instruments aratoires, les autres des glaives et des lances , d'autres encore des outils de construction et de maçonnerie.

Indication historique. — En 1030, le comte de Flandre, Bauduin IV, dit *Belle-Barbe*, commença les premières murailles de Lille, son successeur, Bauduin V, dit *de Lille*, les acheva. Le même comte bâtit ensuite, à Lille, la collégiale de saint-pierre, qui fut inaugurée en 1066, avec une pompe extraordinaire. Bauduin V avait été nommé régent du royaume de France pendant la minorité de Philippe 1.er ; le jeune roi se trouvait alors à Lille sous la garde du Comte, son tuteur, et il assista à la cérémonie de l'inauguration avec les évêques d'Amiens et de Thérouane et une foule de personnages éminents du clergé et de la noblesse.

Nota. Les armes de la Flandre, à cette époque, étaient : *gironnées d'or et d'azur de dix pièces, au milieu un écusson de gueules.* Ces armes furent remplacées, vers la fin du XIIe siècle par celles-ci : *d'or à un lion de sable.*

3.e GROUPE. — (XIIIe siècle.)

Bannière au Lion de Flandre.

Trompettes à cheval en costumes du temps.

Bauduin IX, comte de Flandre et empereur de Constantinople, à cheval, à la tête d'une troupe nombreuse de chevaliers croisés, de guerriers sarrazins, et suivi de ses écuyers et de ses pages.

Char représentant, au fond, l'*hopital Comtesse* (état actuel) et orné, au pourtour, d'écussons armoriés sur lesquels sont rappelés les titres des principales institutions politiques et fondations charitables que la ville de Lille doit à la comtesse *Jeanne de Constantinople,* fille de Bauduin IX (*Hôpital Comtesse. — Hôpital Saint-Sauveur. — Hôpital de Seclin. — Abbaye de Marquette. —* LA LOI DE LILLE, *première charte de liberté communale de la ville, promulguée en* 1235.) Sur le char siége la comtesse *Jeanne,* entourée de personnages allégoriques représentant la Charité, la Justice, la Piété et autres vertus qui distinguaient la bonne Comtesse.

INDICATION HISTORIQUE. — En 1203, le comte de Flandre, BAUDUIN IX, s'en alla conquérir Constantinople, fonder l'*Empire des Latins* et se faire proclamer empereur. Toutefois, l'empereur de Constantinople ne jouit pas longtemps de sa nouvelle couronne : fait prisonnier par le roi des Bulgares, il fut mutilé et jeté dans un cul de basse fosse, où il mourut, au bout de trois -ours d'atroces souffrances, laissant son comté de Flandre à sa fille JEANNE, dite de *Constantinople,* qui le gouverna, pendant quarante ans, avec justice, habileté et énergie. La comtesse Jeanne de Constantinople a été sottement, lâchement calomniée par quelques chroniqueurs étrangers à la Flandre ; mais les archives du pays constatent, par des actes authentiques, que cette princesse fut une véritable providence pour ses sujets, en même temps qu'elle donnait dans sa vie privée l'exemple de toutes les vertus. La ville de Lille lui doit la fondation de plusieurs établissements de charité, deux hôpitaux, et sa première charte de liberté communale, promulguée en 1235, sous ce titre : LA LOI DE LILLE.

4.ᵉ GROUPE. — (XV.ᵉ siècle.)

Bannière de *Philippe-le-Bon*, duc de Bourgogne et comte de Flandre.

Chevaliers de la *Toison-d'Or* se rendant, en pompeuse chevauchée, au second chapitre de l'Ordre qui se tint à Lille en 1431.

Char au fond duquel est assis, sous un dais magnifique, le duc PHILIPPE-LE-BON, en compagnie de dames et de chevaliers entourant une table splendidement dressée, au milien de laquelle figure le célèbre FAISAN, qui a donné son nom à l'une des plus imposantes solennités des temps chevaleresques. (Le *Repas du Faisan* qui eut lieu à Lille en 1453.)

Sur le devant du char se tiennent des pages, des ménestrels et des porte-bannière avec guidons aux armes de Bourgogne et de Flandre. — Le pourtour du char est orné d'écussons où sont inscrits les noms des artistes célèbres de cette époque.

INDICATION HISTORIQUE. — A l'occasion de son mariage avec Isabelle de Portugal, PHILIPPE-LE-BON, duc de Bourgogne et comte de Flandre, institua, à Bruges, en 1429, le fameux ordre de la TOISON-D'OR, dont le second chapitre se tint, en 1431, sous la présidence du duc, dans l'église collégiale de Saint-Pierre, à Lille.

Vingt-deux ans après, le duc Philippe-le-Bon fit un appel à toute la chrétienté, invitant princes et barons à réunir leurs forces pour une expédition en Turquie, dont il voulait être le chef.

Ce fut à cette occasion qu'eut lieu , à Lille , le célèbre Repas du Faisan, dont les chroniqueurs nous ont transmis des récits merveilleux. Ce Repas du Faisan fut une des cérémonies les plus splendides dont la Flandre ait gardé la mémoire. Non seulement de l'Artois , de la Bourgogne et de toute la France , mais encore des contrées les plus éloignées , accoururent à cette fête l'élite de la noblesse, la fine fleur de la chevalerie et des légions de belles et nobles dames suivies de leurs pages et varlets. La grande salle du *Palais de Rihour* (devenu plus tard l'hôtel-de-ville) , fut le théâtre du somptueux banquet et des jeux et représentations allégoriques qui l'accompagnèrent. Vers la fin du repas , on vit s'avancer dans la salle , un hérauld'armes portant un *faisan orné d'un collier d'or garni de perles et de pierreries.* Le héraut posa le faisan sur la table , devant le duc, et prenant la parole, il requit les nobles assistants de faire, *suivant la coutume ancienne,* un vœu sur cet oiseau. A cet appel, le duc se leva et fit le vœu d'aller combattre les infidèles Aussitôt toute l'assemblée l'imita , et chaque convive étendant la main vers le faisan , répéta pour son propre compte le vœu du duc.

On sait que Philippe-le-Bon entretenait à sa cour des nains, des jongleurs et plusieurs fous qu'alors on appelait aussi les *sots de Monseigneur* ; or , il paraît que la ville de Lille fournit quelques spécialités remarquables pour cet emploi , et Philippe-le-Bon appréciait tellement leur mérite, que lorsqu'ils parurent au repas du faisan , pour y faire leurs jeux et drôleries , le duc, en les apercevant, s'écria avec une satisfaction quasi orgueilleuse : « *Ah ! voici mes sots de Lille !* »

Sous Philippe le-Bon fleurirent en Flandre une foule d'artistes célèbres que ce prince comblait d'honneurs et enrichissait de ses libéralités ; parmi eux , il faut citer : les peintres Jean et Hubert

Van Eyck qui furent, dit-on, les inventeurs de la peinture à l'huile, Hans Hemling, Pierre Cristus ou Christophoren, Geerart Vander Meeren, Frédéric Herlin, et quelques orfèvres habiles qui produisirent de véritables chefs-d'œuvre dans lesquels l'élégance de la forme s'unissait à une prodigieuse richesse de métaux et de pierreries.

5.ᵉ GROUPE. — (XV.ᵉ siècle.)

Bannière du *Tournoi de l'Epinette* (fameuse joute chevaleresque instituée au XIII.ᵉ siècle, et qui avait lieu chaque année, à Lille, au XV.ᵉ).

Trompettes à cheval annonçant le tournoi.

Chevaliers jouteurs du tournoi de l'Epinette, montés sur leurs destriers, armés de pied en cap et portant des écharpes aux couleurs de leurs dames.

Derrière eux s'avance le chevalier vainqueur du tournoi, que quatre damoiselles, à cheval comme lui, conduisent en laisse par des rubans d'or fixés aux pièces supérieures de son armure. Le chevalier vainqueur porte attaché au cou, par un ruban de soie verte, l'épervier d'or, prix de sa victoire. (Cérémonial authentique.)

Suite d'écuyers, pages et ménestrels.

Char figurant une estrade de tournoi sur laquelle siégent le *Roi et la Reine de l'Epinette*, portant tous deux pour sceptre une branche d'épine en or. Sur le devant du char se tient le *connétable de l'Epinette* avec ses écuyers et son porte-bannière.

INDICATION HISTORIQUE. — Le TOURNOI DE L'EPINETTE était une fête chevalcresque , fondée , à ce qu'on croit, au XIIIe siècle, et qui se célébrait chaque année à Lille , par des cortéges , des joutes , des bals, des banquets et autres *joyeusetés*. Le XVe siècle fut l'époque la plus florissante de cette institution ; la fête commençait alors au premier dimanche du carême et durait environ deux semaines. Donc, chaque année , à l'approche du *dimanche gras ,* les magistats , les seigneurs et les notables bourgeois de Lille élisaient un ROI DE L'EPINETTE, en ayant soin de le choisir parmi les habitants les plus riches , attendu que c'était sur lui que devaient retomber tous les frais de la fête. L'installation du nouvel élu était entourée d'une pompe toute majestueuse, on voyait , en effet , un cortége innombrable de chevaliers et de nobles dames escorter, à travers les rues, le nouveau *Roi* et la *Reine* , sa femme, portant tous deux la couronne en tête et tenant à la main , en guise de sceptre , une branche d'épine en or. Le lendemain , s'ouvrait la lice d'un magnifique tournoi , où combattaient , à armes courtoises, les plus habiles jouteurs du comté de Flandre. Le roi de l'Epinette y luttait en personne ou par un délégué. Le vainqueur du Tournoi recevait, pour prix de sa victoire, *un épervier d'or* que la *Reine* lui attachait aucun par un ruban de soie verte ; puis il parcourait la ville, escorté de quatre *gentes damoiselles ,* qui le tenaient en laisse par des rubans d'or, fixés au pièces supérieures de son armure.

Lorsque celui qu'on choisissait pour Roi de l'Epinette n'était qu'un simple bourgeois, il était anobli par le fait même de son élection.

Le nom de *l'Epinette*, donné à cette institution.

parait provenir de ce que cette fête eut d'abord
pour but principal de consacrer le souvenir de la
Sainte Epine que la comtesse Jeanne de Constantinople donna par testament au couvent des Domini-
cains de Lille , où les rois de l'Epinette allaient
l'honorer tous les ans , après leur installation

6.e **GROUPE. — (XVI.**e **siècle.)**

Bannière de Charles-Quint.

L'empereur Charles-Quint faisant, en 1542,
sa *joyeuse entrée* dans la ville de Lille , entouré
des principaux personnages historiques de sa
cour.

Suite de seigneurs et de pages.

Figure colossale de Jeanne Maillotte (la
Jeanne d'Arc lilloise du XVI.e siècle) escortée
d'archers et d'arbalétriers du temps.

Tambour-major et tambours grotesques des
Hurlus (sobriquet populaire des partisans de la
Réforme à cette époque).

Cheval des Quatre Fils Aymon et autres per-
sonnifications comiques consacrées par la tradi-
tion, pour les cortéges de la Flandre.

Char portant un immense tonneau de bière
enfourché par un gros *Bacchus flamand* cou-
ronné de feuilles de houblon. — Sur le devant
du char, des satyres armés de longues perches à
houblon ornées de leur feuillage, tiennent en-
chaîné et terrassé un personnage tout vêtu de
feuilles de vigne.

Indication historique. — Charles-Quint était Comte de Flandre du chef de son père, Philippe-le-Beau ; il aimait beaucoup ses bonnes villes des Pays-Bas et les visitait volontiers. En 1542, l'empereur Charles-Quint fit sa *joyeuse entrée* dans la ville de Lille et y séjourna près d'un mois.

— Le 22 juillet 1582, un parti de maraudeurs réformés (protestants), profitant de l'heure des vêpres, qui appelait la foule aux églises, fit tout-à-coup invasion dans un des faubourgs de Lille. Déjà ces *Hurlus* (sobriquet populaire des réformés en Flandre) étaient en train de piller les maisons désertes, lorsque l'hôtesse d'un cabaret où se réunissait une confrérie d'archers, prit une hallebarde, se mit à la tête des confrères armés et courut sus aux assaillants. Toutes les femmes du voisinage se mirent alors de la partie ; elles aveuglaient les soldats *Hurlus* en leur jetant des poignées de sable au visage, pendant que leurs maris et leurs frères les criblaient de leurs flèches et les lardaient de leurs piques ; tant et si bien que l'ennemi prit honteusement la fuite et que le faubourg et la ville furent sauvés.

Cette héroïne bourgeoise se nommait Jeanne Maillotte, et son cabaret existe encore aujourd'hui sous cette enseigne : *au Jardin-de-l'Arc.*

7.ᵉ GROUPE. — (XVIIᵉ et XVIII siècle).

Bannière du roi Louis XIV.

Musique d'infanterie des troupes du roi.

Maison militaire et seigneurs de la cour (à cheval).

Char au fond duquel se trouve représentée la *Porte de Paris* (monument élevé à Lille, en

1682, à la gloire de Louis XIV). — Sur le char trône le roi ayant à ses côtés le maréchal de Vauban, qui fortifia Lille, et le maréchal de Boufflers qui, en 1708, défendit cette ville contre le prince Eugène.

INDICATION HISTORIQUE. — En 1667, Louis XIV assiégea la ville de Lille, la prit et en fit une cité française; puis il chargea Vauban de l'agrandir et de lui appliquer son beau système de fortifications.

— En 1708, la ville de Lille résista pendant trois mois au prince Eugène, qui l'assiégeait avec une artillerie formidable; la citadelle se défendit, en outre, quarante jours encore après la reddition de la ville. M. le Maréchal de Boufflers, gouverneur de Lille, ne se rendit qu'après une défense héroïque. Lille resta ensuite pendant cinq ans au pouvoir des Hollandais, jusqu'à ce que le traité d'Utrecht la rendit à la France. Depuis lors, Lille n'a plus cessé d'être une ville toute française, et de nom et de cœur.

6.ᵉ GROUPE. — (XVIII.ᵉ siècle.)

Drapeaux du siége de Lille, en 1792.

Tambours et fifres républicains.

Canons d'honneur décernés, en 1803, par le Premier Consul aux Canonniers de Lille, en récompense de leur belle conduite pendant le siége de 1792.

Pelotons de volontaires (infanterie).

Char portant un trophée d'artillerie et la reproduction de la colonne élevée sur la place d'armes de Lille, en commémoration du siége glorieux de 1792. Ce monument est entouré de canonniers bourgeois et de gardes nationaux en uniforme du temps.

INDICATION HISTORIQUE.—Au commencement de septembre 1792, l'armée du duc Albert de Saxe-Teschen se concentre sur Lille ; tout fait présager un siége dont l'issue peut décider des destinées de la France. En effet, la prise de Longwy (23 août), celle de Verdun (2 septembre), ont jeté un doute affreux dans les esprits ; que Lille, à son tour, ouvre ses portes à l'ennemi, et le *sauve qui peut* de la trahison se propage par toute la France, et le cœur de la patrie reste complètement à découvert devant l'épée des souverains coalisés.... Le 29 septembre, Albert de Saxe-Teschen s'établit devant la ville avec une formidable artillerie et la somme de se rendre, en menaçant les habitants de ruine et de mort, s'ils osent résister. La municipalité de Lille répond simplement à cette impérieuse sommation : « Nous venons de renouveler notre serment d'être » fidèles à la nation, de maintenir la liberté et » l'égalité, ou de mourir à notre poste... Nous ne » sommes pas des parjures !... »

Sept jours de bombardement, quarante mille coups de canon, sept mille bombes, un tiers de la ville broyé, réduit en cendres, telle fut la réplique du prince autrichien ; mais les défenseurs de Lille, et surtout ses canonniers bourgeois, firent si vigoureusement leur devoir, que l'ennemi se vit forcé de lever le siége. La nation sentit toute la portée de cette brillante initiative, de ce premier exemple d'héroïque résistance donné par une place frontière. Sa gratitude et son admiration se manifestèrent dans tous les départements, par des adresses envoyées aux Lillois. Quelques villes tinrent à honneur de donner le nom de *Lille* à certaines de leurs places et de leurs rues. Enfin, dans sa séance du 12 octobre 1792, la Convention nationale vota ce décret à jamais mémorable : *Les citoyens de Lille ont bien mérité de la patrie !*

Cinquante-trois ans plus tard , en mémoire du siége de 1792 , la ville de Lille inaugura le beau monument qui s'élève aujourd'hui au centre de sa place d'armes.

En 1803 , le Premier Consul ayant visité la ville de Lille, décerna aux canonniers lillois deux pièces de canon d'honneur, en récompense de leur belle conduite pendant le siége de 1792 ; il les dota en outre d'un magnifique hôtel qu'ils occupent encore aujourd'hui.

Le corps des canonniers de Lille fut institué en 1483 , et , pendant près de quatre siècles, ils ont défendu la ville dans tous les siéges ou attaques qu'elle a eus à subir,

HENRY BRUNEEL.

9.ᵉ GROUPE.

Sapeurs, tambours et musique.

État-major.

Groupe formé de grenadiers de la garde impériale , de zouaves, de chasseurs à pied et de soldats d'infanterie de ligne, en tenue de l'hiver 1855-1856.

Char représentant le bastion Malakoff et sa tour, sur laquelle un zouave, un higlander et un bersagliere tiennent les drapeaux des nations alliées dans la guerre de Crimée.

Char figurant la bourse des Invalides du travail.

Sur ce char, une immense et riche aumônière ouverte provoque à la bienfaisance. Aux quatre angles sont les emblêmes et attributs de l'Agriculture, du Commerce et de l'Industrie.

Détachement de dragons à cheval fermant le cortége.